# El cumpleaños de Bob

Redmond, Diane
    El cumpleaños de Bob.- 1° ed. - Buenos Aires : Grijalbo, 2004.
    24 p. ; 21x21 cm.- (Bob el constructor)

    Traducción de Natalia Méndez

    ISBN 950-28-0334-5

    1. Literatura Infantil y Juvenil Inglesa I. Título
CDD  828

Publicado por primera vez en Estados Unidos por Simon Spotlight (Simon & Schuster), 2001.
Basado en el guión de Diane Redmond - Imágenes de Hot Animation.

Queda hecho el depósito que previene la Ley 11.723.
Impreso en la Argentina.
ISBN 950-28-0334-5

www.bobthebuilder.com

Random House Mondadori.

Esta edición de 12.000 ejemplares se terminó de imprimir en Talleres Gráficos
Mundial S. A., Cortejarena 1850/62, Buenos Aires, en el mes de junio de 2004.

–Oigan todos –dijo Wendy–, hoy es el cumpleaños de Bob. ¿Y si le organizamos una fiesta sorpresa para esta noche?

–¿No se ofenderá si no lo saludamos por su cumpleaños? –preguntó Muck.

–Lo saludaremos en la fiesta –explicó Wendy– y recuerden: es un secreto. No le digan nada a Bob.

Justo en ese momento apareció Bob.

–Hola, Wendy. ¿Llegó alguna carta para mí? –preguntó.

–¿Estás esperando algo en especial?

–Mmm… no… nada en especial –respondió Bob.

Luego miró a Scoop y a Lofty y les dijo:

—Tenemos que ir a reparar el granero del Granjero Pickles.

—¡Qué tengas un buen día, Bob! —exclamó Wendy.

—Lo intentaré —murmuró Bob, mientras se iba con sus amigos.

Wendy suspiró.

—Ahora puedo empezar a hacer la torta de cumpleaños de Bob.

Cuando Bob, Scoop y Lofty llegaron al granero del Granjero Pickles, Travis y Spud ya estaban ahí. Bob comenzó a sacar las viejas tablas de la pared, para reemplazarlas por unas nuevas.

–¡Tira fuerte, Bob! –le gritó Spud.

–Hago lo que puedo –gruñó Bob. De pronto, la tabla se soltó y Bob cayó sentado al suelo.

¡Qué mal había empezado su día de cumpleaños!

Mientras tanto, Dizzy y Muck miraban cómo Wendy hacía la torta de cumpleaños.

–Parece fácil –dijo Dizzy–. Sólo hay que poner todo junto y mezclar. ¡Es como preparar el cemento!

–Ey, ¿y si le hacemos a Bob una torta de cemento, para que la guarde de recuerdo? **¿Podemos hacerla?** –preguntó Muck.

**–¡SÍ, podemos!** –exclamó Dizzy.

Dizzy mezcló una carga del mejor cemento y la volcó en una rueda, que sirvió de molde.

Roley ayudó a Muck y a Dizzy a decorar la torta de cemento con algunas
flores, hojas y plumas.

—¡Qué torta genial! —dijo Roley.

En el granero del Granjero Pickles, Bob y Lofty estaban trabajando mucho. Todo iba saliendo bien.

—Travis y Spud, ¿no se supone que ustedes entregarían los huevos de la granja? —preguntó Bob.

—¡Es cierto! —dijo Travis, y encendió el motor—. ¡Vamos, Spud! Te llevo hasta la casa de Bob.

En la casa de Bob, Wendy acababa de terminar la torta de cumpleaños.
–¡Mmmmmmm! –se relamió Spud al probar un poquito de la cobertura
de la torta.

–¡Spud! –lo retó Wendy.
–Lo siento, Wendy. Se veía tan bien que no pude resistirme.
–¿Quieres ayudarme a poner las velas en la torta?
–¡Claro que sí! ¡Éste es un trabajo para Spud! –dijo riendo.

Cuando Bob terminó de clavar la última tabla del granero, sonó su teléfono celular.

—¡Quizás éste sea un saludo de cumpleaños! —dijo ilusionado. Era Wendy, que le preguntó:

—Hola, Bob. ¿Cuándo vuelves a casa?

–Ya estamos en camino –le respondió Bob–. ¿Por qué? ¿Alguna razón en particular?

–No –contestó Wendy–, hay unos papeles que tienes que firmar. Hasta pronto.

–Nada de "Feliz cumpleaños, Bob" –murmuró Bob para sí mismo.

Scoop le guiñó un ojo a Lofty.

–¡Vamos, Bob! Es hora de volver a casa –le dijo.

Mientras tanto, Wendy, Muck, Dizzy y Roley decoraron una mesa y la llenaron con tortas y regalos.

Cuando Bob llegó, no salía de su asombro.

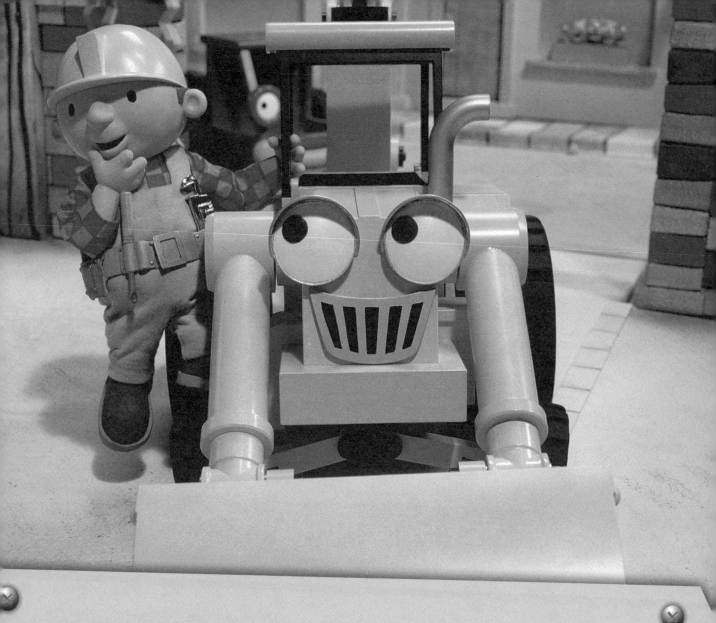

–¡Sorpresa! –exclamó Wendy.

–¡Creí que se habían olvidado de mi cumpleaños!

–¿Olvidarnos de tu cumpleaños? ¡De ninguna manera! Mira, tienes dos tortas: una de verdad, para comer, y la otra de cemento, para guardar de recuerdo.

Todos empezaron a cantar:

¡Es el cumpleaños de Bob!
¡Sí, de Bob el constructor!
¿Podemos cantarle el feliz cumpleaños?
¡Sí, podemos!

–Y no te olvides de abrir la correspondencia –dijo Wendy.

–¿Todas estas tarjetas de cumpleaños son para mí? –preguntó Bob emocionado.

–Por supuesto. ¡Tú eres Bob, el cumpleañero!

Y todos gritaron: "¡Hurra!".

—¿Ahora sí podemos comer esta deliciosa torta? —preguntó Spud.
—¡Claro que sí! —dijo Bob, y cortó una gran porción para Spud.

Spud se llenó la boca con la torta y sonrió.
—Como siempre digo: ¡éste es un trabajo para mí, Bob!